AF295470

Tämä kirja on omistettu kaikille löytöretkeilijöille

Tuuti Touhunen

Virtaava suolakala

Taitto: Tuuti Touhunen

Kustantaja: BoD – Books on Demand, Helsinki, Suomi
Valmistaja: BoD – Books on Demand, Norderstedt, Saksa

ISBN: 978-952-80-5100-8

Kiitos tuesta Taiteen edistämiskeskukselle.

Kiitos myös työnnöistä tämän esikoisrunokirjan parissa Anna Kupari, Meri Kytö ja kaikki läheiset matkan varrella.

Pyydämme kaikkia matkustajia,
sulkemaan

                        pipipipip piip...

Tarkistathan
matkatavarasi

        ...odottaa tämän junan matkustajia

Tämä yksikkö on savuton.

Lasten leikkipaikka löytyy vaunusta kaksi
ja aikuisten

                        tarkistathan

...aikataulusta jäljessä,
jäljellä aikataulutus.

Kiitämme kaikkia matkustajia,
tervetuloa matkallelle –

                el - le

I Matkaan

Poljen punaisella asvaltilla

       kuin urheilukenttä rullattuna alle.

Tasainen rata,
molemmin puolin
v e l l o v a
meri.

       Aurinko paahtaa ihosta vohvelin,

Imen saaristoilmaa
muuttuen
suolakalaksi.

Jalkojen tasainen rullaus lipuu maiseman läpi.

Lautan hyrrytys
rauhoittaa pulssin.

Näkökenttä
laajeneeeeeeeeeeeeeeeeeeeeeeeeeeeeeeeeeeeeeeeeeee

jokin maailmassani on

nytkähtänyt,

kiepsahtanut,

sumun seasta.

Raotettu

Hengähdys polttavan kankaan uumenista.
Teltta kasaan
pyöräratsu matkaan.

Brändön saari on
piiitkä ja kapea.
Vanha Helkama
laukkaa lauk-kaa, (laukkaa laukkaa)

enkä edes hengästy.

Ah
                    (laukkaa laukkaa)

karun kaunista,
vanha ratsu laukkaa
täysinäinen tyhjyys, ah
vellova turkoosi massa,

Ah.

Vapaus on
hetken huuma,
irti päästämisen kipu ja
ilo,

karkuun päässyt ilmapallo.

Vapaus on
tahto,
pelon vastakohta.

heinäsirkka, joka ei huomisesta tiedä.

Hitaasti virran kelluttamana

olen,

ohitse lipuva mieli,

hento ja hauras,

vapaasti vakaa.

Hitaasti upottavalle pinnalle

Antaudun,

leudoille henkäyksille.

Uppoutuu

ajatukset alleni,

        kalojen syötäväksi.

Meri lähellä,
melkein sylissä.
Sen vellova väri muuttuu joka hetki.

II Välitilassa

Suhinaa,

                    kaukana pieni, suurenee
          lähelle

KOHHHHHHHHH
(kohinaa)

          harsshhhhhhssssssaauuuuh

(ei vihellä)

vyöryy

          lähelle

               liki

                    kiinni

                         IIIIIIIIIIIIIIIIIIIIIIIK!

tyrsKÄHtää,
(pisarat nenänpäähän)

                         kaukaa kaino kohina

korvassa konserttipauhu

(tyyntyy)

kuin tyhjästä,

seestyi

Olen polkenut kymmeniä kilometrejä

punaista mattoa.

Lauttojen aikataulut määräävät

elämän tahdin.

Satamassa

odotellessa,

kieli kiertää kylmää jäätelöä

Lautat määräävät tahdin.

Siirtyykö salaisuudetkin vastarannalle?

Hapuillen

    hamuten

        kurotellen

    kadoten.

        Kääntäen väistyi selkeys

           selkänsä kääntäen.

Kadoten kadotin

        kohinaan

Muista irrallaan

ajasta irrallaan

        irral - *lal* - *lal* - laan

olen saari

        Kellun

Pirskahtaa mieleni vaahtopäät,
huuhtoutuvat

        a*al toi h*in

Mannerlaatat
lipuvat

hil   jal   leen

Ajelehtii ajatukset aaltoillen,

aaltoilevat aatosten aallot

Sottunga ei pihahdakaan.

Odotan seuraavaa lauttaa,

      minäkin

Risteilylaiva lipuu ohi.

Kannella imeskellään vadelmaveneitä.

Kaikki on liikkeessä, mutta aika on pysähtynyt.

ääriviivat massaan,

osana kerrostumaa

hukun,

Valaan vatsassa kasvaa muovipussi.

Ikuisesti etsien,

etsin

etsien,

      jatkuvassa

        jatkuvassa aallOkOssa

Kuroutuen koh...

III Määränpäänä uusi tuntematon

Poljen poljen poljen poljen

poljen poljen

pol-jen

Poljen poljen poljen poljen

poljen poljen

pol-

hej

      Hyviin tapoihin kuuluu terveh Hej! ...
vastaantulevaa.

Hej!

                                 hej hej!

Hej! Hej!   Hej!

                              Hej Hej!

Hej!   Hej!   Hej hej!

Epätasaiseen koloon

käperryn,

kanervana muiden joukossa

olen ehyt,

palanen

Maisemassa.

Sisältä tyhjentynyt,

Kevyt

kuin

käpy.

Hikoiltu
menneisyys

Kaipuu

karkaa

kuin

perhonen

etsiessään uutta kukkaa